Sabine Dittrich

24 Seelenwärmer im Advent

*Druck und Bindung des vorliegenden
Buches erfolgten in Deutschland*

Die Deutsche Bibliothek verzeichnet diese Publikation in der Deutschen Nationalbibliografie; detaillierte bibliografische Daten sind im Internet über www.d-nb.de abrufbar

Lektorat: Dr. Thomas Baumann
Umschlaggestaltung: spoon design, Olaf Johannson
Umschlagbilder: © Alexander Weickart; Syda Productions/Shutterstock.com

Bilder Innenteil: © matka_Wariatka; Alexander Hoffmann; Dominic Hall; zeljkodan; AQ_taro_neo; Barbara Neveu; Iryna Inshyna; Vershinin89; Jelena Yukka; sumire8; Everett Collection; Alena Ozerova; Anna Hoychuk; Amanda Carden; Tanja Esser; Zoom Team; Elena Pominova; Jukka Risikko; Elena Schweitzer; Daniel Jedzura/Shutterstock.com.
S. 35: Siebenquell®GesundZeitResort; S. 43: Archiv Přemysla Pittra a Olgy Fierzové, Národní pedagogické muzeum a knihovna J. A. Komenského, Valdštejnská 20, CZ-11800 Praha 1

Satz: Neufeld Verlag
Herstellung: CPI – Clausen & Bosse,
Birkstraße 10, 25917 Leck

ISBN 978-3-86256-155-1, Bestell-Nummer 590 155

www.neufeld-verlag.de / www.neufeld-verlag.ch

NEUFELD VERLAG

Sabine Dittrich

24 Seelenwärmer im Advent

NEUFELD VERLAG

Vorwort

Als ich mit dem Konzept für dieses Büchlein begann, blickten wir gerade auf das wärmste Jahr zurück, seit es Wetteraufzeichnungen gibt. Das Wort Klimawandel ist inzwischen in aller Munde.

Die durchschnittlichen Temperaturwerte in Deutschland sind also spürbar gestiegen, doch das zwischenmenschliche Klima in unserer Gesellschaft geht einer neuen Eiszeit entgegen. Das Ausmaß, in dem Menschen sich beschimpfen, statt miteinander Lösungen für die allgegenwärtigen Probleme zu suchen, und die Kaltschnäuzigkeit, mit der Behauptungen als Wahrheiten dargestellt werden, lässt mir das Blut in den Adern gefrieren.

Umso wichtiger finde ich, auf das zu achten, was mir und anderen echte Hoffnung, Mut und Geborgenheit gibt. Die 24 Impulse dieses Buches wollen mehr Wärme ins Leben bringen: in unser eigenes und in das unserer Mitmenschen. Dieser Temperaturanstieg ist garantiert unschädlich –

ganz im Gegenteil: er macht unser Miteinander erst lebenswert.

Liebe Leserin, lieber Leser, ich freue mich, dass wir beide ein Stückchen Adventszeit zusammen verbringen werden. Ich möchte dir gerne das „Du" anbieten, denn in manchen Texten wirst du einige sehr persönliche Dinge über mich erfahren. Und vielleicht können wir ja zusammen „Seelenwärmer" in unserer Umgebung sein, ganz im Sinne von Weihnachten und dem Kind in der Krippe.

Eine frohe, gesegnete Adventszeit wünscht dir

Sabine Dittrich

Inhalt

1. Dezember

Immer dieses Parapapapam

Für Weihnachten hat sich unser Singkreis Großes vorgenommen. Wir sind vierzehn Dorffrauen von jung bis alt, die gerne ab und zu den Gottesdienst bereichern. Profis sind wir beileibe nicht. Einige erfahrene Sängerinnen, die auch im Landfrauenchor mitmachen, sind unsere große Stütze. Ich persönlich bin froh, wenn ich die richtigen Töne treffe.

Jedenfalls haben wir uns für dieses Jahr das Lied *Little drummer boy* ausgesucht. Eine bekannte Melodie, aber anspruchsvoll – und sogar dreistimmig.

Wir proben nacheinander die erste und dann die zweite Stimme. Klingt noch nicht so besonders. Dann ist die dritte dran. Sie imitiert die Trommel und besteht größtenteils aus dem leicht zu merkenden Text „Parapapapam“ und „Ram-pam-pam“.

Nur klingt das bei uns in Oberfranken dialektbedingt eher wie „Brabberambamm“. Mehr nach dem gemütlichen Blubbern eines hubraumstarken Dieselmotors als nach Blechtrommel. So viele „scharfe P“ hintereinander zu singen, ist eine echte Herausforderung, eine recht feuchte, und irgendwann stöhnt Ingrid: „Immer des Brabberbambamm – da kriegst' ja en dodal droggna Hals!“ Nach viel Gelächter und Üben singen wir am Ende der Probestunde endlich dreistimmig. Ich staune!

Zusammen klingt es wunderschön. Das „Parapapapam“ gibt uns Takt, hält uns zusammen.

Wird nicht alles durch einen Rhythmus zusammengehalten? Schon mit der Erschaffung der Welt finden wir Tag und Nacht, die Woche mit sechs Arbeitstagen und einem Sonntag zum Ausruhen. Wir zählen in Jahren, Jahreszeiten, Monaten, feiern Geburtstage und Jubiläen. Teilen den Tag in Arbeit, Freizeit und Schlaf. Inzwischen können Wissenschaftler beweisen, was die jahrtausendelange Erfahrung schon immer wusste: Ein guter Rhythmus im Leben ist gesund für Körper und Geist. Taktlosigkeit macht mich und andere krank.

Die Adventszeit ist auch so ein 24-tägiges Parapapapam. Ein guter Rhythmus im Jahreslauf, der uns tragen und auf Weihnachten einstimmen will. Vielleicht magst du dir ja eine feste Zeit am Tag für die 24 Seelenwärmer dieses Büchleins reservieren?

2. Dezember

Rituale und Bräuche

Die Wissenschaftler sind sich einig: Wir Menschen brauchen Rituale und Bräuche. Darunter versteht man wiederkehrende Handlungen mit einem festen Ablauf und klarer Rollenverteilung der Beteiligten sowie einer tieferen Bedeutung.

Gemeinsame Bräuche verbinden Gruppen und Gesellschaften, persönliche Rituale strukturieren Leben und Alltag des Einzelnen. Wichtig ist, ein Ritual nicht nur einfach mechanisch nachzuahmen, sondern mit seiner tieferen Bedeutung in Berührung zu kommen. Ohne den Wert der Bedeutung ist ein Ritual nur eine (magische) Handlung.

Die Adventszeit steckt voller Bräuche: Adventskranz und -kalender, Barbarazweige, Geschenke am Nikolaustag und viele mehr. In meiner Familie wird am Samstag vor dem ersten Advent die Weihnachtskrippe aufgebaut. Wir gestalten die Landschaft mit Moos und Steinen, stellen die Häuschen, Bäume sowie die Wurzelhöhle mit der Krippe auf, in der später das Jesuskind liegen wird. Die Hirten, Schafe und Ziegen sind natürlich von Anfang an dabei. Am ersten Advent stellen wir Maria und den Engel Gabriel für die Szene „Verkündigung des Herrn" auf. Im Verlauf der nächsten Wochen wechseln wir die Figuren nach der biblischen Überlieferung: Jesu Geburt an Heiligabend, die drei Weisen aus dem Morgenland am 6. Januar, eine Woche später zeigt unsere Krippe die Flucht nach Ägypten. Am 2. Februar, dem Lichtmess-Tag, ist die Weihnachtszeit vorbei. Alles wird wieder abgebaut und bis zum nächsten Advent verstaut. Es macht uns Spaß, an der Krippenlandschaft zu basteln. Sie sieht jedes Jahr ein wenig anders aus. Aber noch wichtiger ist, dass wir durch diesen Brauch mit der biblischen Weihnachtsgeschichte sprichwörtlich „in Berührung“ kommen.

Vielleicht magst du ja zusammen mit deiner Familie einen alten Adventsbrauch neu entdecken? Oder für dich ein ganz persönliches Adventsritual entwickeln?

3. Dezember

Vorsicht Blitzeis!

Es gab mehrere Blitzeis-Tage hintereinander mit dem entsprechenden Folgechaos. In der Tageszeitung rät ein Orthopäde unseres Klinikums, sich bei Glatteis mit dem „Pinguin-Gang“ fortzubewegen. Dabei soll man den Körperschwerpunkt über dem vorderen Bein ausrichten, vorsichtig mit der ganzen Sohle auftreten und den Fuß leicht nach außen stellen. Diese Haltung sorgt für mehr Stabilität; am besten übt man sie vorher ein.

Na gut, dann probiere ich das gleich mal aus. Während ich in Socken pinguinartig über das Wohnzimmerparkett schlurfe, kommen mir plötzlich Fragen in den Sinn: Was ist eigentlich mit den Blitzeis-Situationen in meinem Leben – also, wenn mich der Alltag mal wieder eiskalt erwischt? Wie steht es dann mit meiner Standfestigkeit? Hat das nicht auch etwas mit Haltung und Schwerpunkt zu tun? Langsamer laufen und die nächsten Schritte mit Bedacht setzen? Auch darauf kann ich mich vorbereiten, indem ich meine Haltungen hinterfrage. Sage ich eigentlich, was ich meine? Meine ich, was ich sage? Wo liegt mein Lebens-Schwerpunkt? Drehe ich mich nur um mich selbst? Will ich alles aus eigener Kraft schaffen? Oder glaube ich, dass mich ein liebender Gott am Arm fasst und sicher über alle rutschigen Stellen geleitet, wenn ich ihn darum bitte? Ich spüre, das sind Fragen, mit denen ich mich beschäftigen sollte.

Mit meinem Pinguin-Gang bin ich nach der Übungseinheit gar nicht zufrieden. Vielleicht mache ich etwas falsch? Ich beschließe, vom Original zu lernen und suche einen Tierfilm auf YouTube: Einige niedliche Pinguine tappen ein wenig unbeholfen in der antarktischen Wildnis herum. Nach ein paar Schritten werfen sie sich plötzlich auf den Bauch und rutschen elegant über das Eis.

Nichts gegen den Pinguingang, aber für Glatteis auf dem Gehweg erscheinen mir Schuhspikes geeigneter. Und für alle anderen rutschigen Situationen des Lebens glaube ich:

Wer keinen Halt mehr hat, den hält Gott; und wer am Boden liegt, den richtet er wieder auf.

Psalm 145,14

4. Dezember

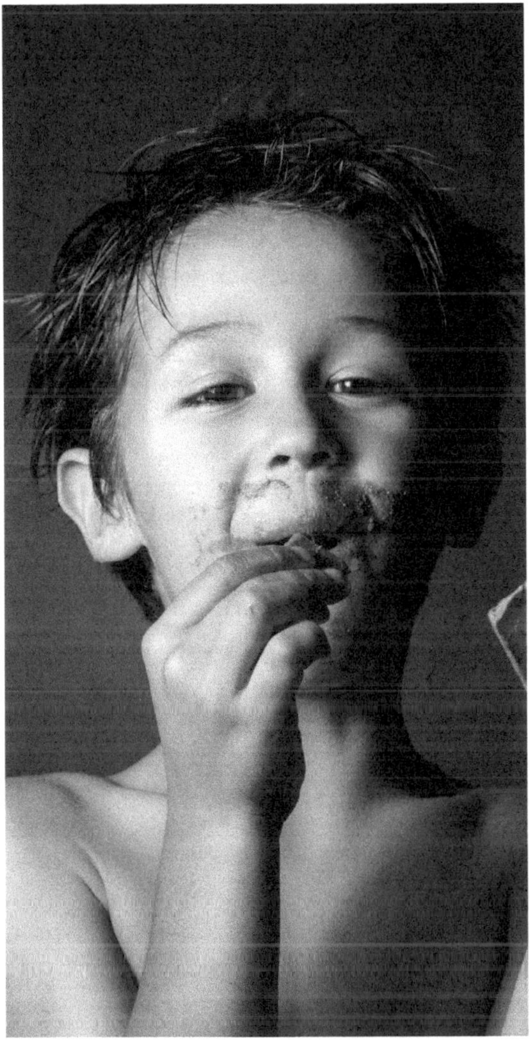

Wenn dein Adventskalender nur Bildchen hat

Ende November kaufte Birgit jedem ihrer vier Söhne einen einfachen Schoko-Adventskalender. Endlich war es soweit: die älteren Jungs öffneten nach dem Frühstück das erste Türchen, steckten schnell die Schokolade in den Mund und machten sich auf den Schulweg. Felix, der Fünfjährige, musste ein wenig länger suchen, bis er eine 1 auf seinem Kalender entdeckt hatte. „Mama schau mal, eine Glocke!“, rief er ganz begeistert über das niedliche Bildchen.

Nach einigen Tagen stellte Felix jedoch fest, dass seine Brüder regelmäßig Schokolade hinter den Türchen vorfanden, er jedoch nur eine Abbildung. „Das ist, weil du noch ein Kindergartenkind bist“, meinte Tobias. „Genau“, stimmte Andi, der Älteste zu, „nur Schulkinder haben Schokolade drin“. „Das ist sohoo gemein!“, heulte Felix. Er war an diesem Morgen gar nicht mehr zu beruhigen; Birgit brauchte eine Weile, um die Ursache herauszufinden. Die Perforation der Kalendertürchen war unverletzt. Es musste ein Produktionsfehler passiert sein, bei dem man die Schokolade vergessen hatte. Am nächsten Tag fand Felix zu seiner großen Freude ebenfalls Süßes hinter dem Türchen. Birgit hatte im Supermarkt reklamiert und zum Glück das gleiche Modell als Ersatz ergattert.

Ja, das Leben kann sich gemein anfühlen. Meine Mitmenschen packen ein Schokostückchen nach dem anderen aus, während ich Tag für Tag nur auf ein läppisches Bild gucke. Hätte jeder nur ein Bildchen, wäre die Welt in Ordnung. Doch ohne Schokolade kann ich mich nun nicht mehr wirklich an meinem Adventskalender freuen.

Das Vergleichen ist das Ende des Glücks und der Anfang der Unzufriedenheit, schrieb Søren Kierkegaard, ein dänischer Theologe und Schriftsteller. Und das ist nicht nur bei Adventskalendern so.

5. Dezember

Blüten im Winter

Eine Schneedecke hat sich auf Gärten und Parks gelegt. Die Pflanzenwelt schläft tief, nur an den Vogelhäusern herrscht zu manchen Tageszeiten Hochbetrieb.

Doch beim Spaziergang in dieser stillen Welt kann man so manche Überraschung erleben, wenn man genau hinschaut. Dort an dem Strauch, was ist denn das? Ja, wirklich, unter einer Mütze Schnee schauen kleine rosa Blüten hervor. Die waren vor ein paar Tagen noch nicht zu sehen, ganz bestimmt nicht. Ein paar Meter weiter noch so ein Busch. Schön schaut er aus mit seinen roten Ästen und rosa Blüten. Sie duften sogar zart süß.

Blüten im Schnee – ein Wunder der Natur und keiner merkt's. Die Menschen haben es eilig, kaum einer schaut rechts oder links. Gott hatte bestimmt besondere Freude dabei, den Hartriegel zu erschaffen. Ein Jetzt-erst-recht in dieser kalten trüben Welt. Die Blüte mitten im Winter – ein Zeichen, dass dem Erfinder der Biologie nichts unmöglich ist.

Ich stelle mir im Dezember gerne eine Christrose oder ein paar Zweige Hartriegel in meine Wohnung. Sie erinnern mich daran, dass Gott nichts unmöglich ist. Auch in meinem Leben kann er Blüten zu einer Zeit austreiben lassen, in denen es mir völlig unmöglich erscheint.

6. Dezember

Der Blick in die Stiefel

Was steckte heute früh in deinen Stiefeln? Ich fand, wie jedes Jahr am Nikolaustag, meine Thermo-Einlegesohlen vor. Aber vielleicht hattest du ja mehr Glück.

Der Heilige Nikolaus, dessen Gedenktag wir heute feiern, lebte im zweiten Jahrhundert als Bischof in der Stadt Myra in Kleinasien. Er war ein sehr gütiger und freigiebiger Mensch, so erzählen viele Legenden. Zum Beispiel diese:

Drei arme Jungfrauen hatten keine Mitgift und drohten daher nach dem Tod ihres Vaters in die Prostitution zu rutschen. Der Bischof erfuhr von ihrem traurigen Schicksal. Also warf er ihnen nachts heimlich Goldmünzen aus seinem Vermögen durchs Fenster in die Kammer. Nikolaus wurde auf frischer Tat ertappt. So wurde bekannt, woher das Gold stammte.

Der Brauch, in der Nacht zum 6. Dezember die Stiefel mit kleinen Geschenken zu füllen, hat mit dieser Legende zu tun.

Ursprünglich fand die Weihnachtsbescherung am Nikolaustag statt, nicht am Heiligen Abend. In manchen Gegenden Osteuropas sowie in Belgien und Holland ist das heute noch so. Mit der Reformation ging jedoch eine Ablehnung der Heiligenverehrung einher. Daher wurde die Bescherung in vielen Ländern auf Weihnachten verlegt und der Nikolaus als Geschenkebringer vom Christkind abgelöst.

Einmal kam bei mir der Nikolaus mitten im April. Ich steckte gerade in einer schwierigen Situation, die mich an den Rand meiner seelischen und körperlichen Kräfte brachte. Als ich morgens die Tür öffnete, stand auf der Treppe ein hübsches Blumentöpfchen und eine Karte mit tröstenden Worten. Ich weiß bis heute nicht, wer dahintersteckte. Aber hoffentlich weiß der- oder diejenige, wie aufbauend und überlebenswichtig diese Liebestat damals für mich war.

Wollen wir nicht auch ab und zu für jemand, der gerade dringend Trost oder Unterstützung benötigt, den anonymen „Nikolaus" spielen?

Das funktioniert nicht nur am 6. Dezember, sondern an 365 Tagen im Jahr.

7. Dezember

Tu deinem Leib Gutes

… damit deine Seele Lust hat, darin zu wohnen, rät uns Teresa von Ávila.

Es fühlt sich ein wenig merkwürdig an, in Schwimmanzug, Bademantel und Schlappen in einem Kirchenraum zu sitzen. Auf dem Weg von meinem Hotelzimmer in den Thermenbereich bin ich ganz spontan rechts abgebogen. Die Tür zur Kapelle stand einladend offen. Ich schmunzle: Jesus und seine Jünger trugen vermutlich auch Sandalen und ihre Obergewänder waren meinem Bademantel nicht ganz unähnlich.

Das *SiebenquellGesundZeitResort* wurde erst vor Kurzem eröffnet. Ich habe das Kennenlernangebot gebucht, um in der Adventszeit ein wenig zur Ruhe zu kommen.*

Ich liebe es, mich in warmem Thermalwasser treiben zu lassen, oder von Sprudeldüsen durchgeblubbert zu werden. Wenn lästige Verspannungen im Rücken nachlassen, dann stellt sich auch in meinem Denken eine wohlige Gelöstheit ein. Auf den Ruheliegen in Thermen, eingemummelt in meinen Bademantel, habe ich schon so manchen kreativen Geistesblitz gehabt.

---

* Siebenquell®GesundZeitResort am Weißenstädter See im Fichtelgebirge, https://www.siebenquell.com.

Doch dieses Resort, nur eine knappe Stunde Fahrzeit von meinem Zuhause entfernt, ist etwas Besonderes. Bereits die Entstehung habe ich gespannt in der Tagespresse verfolgt. Würde es wirklich gelingen, solch ein Millionenprojekt nur mit einheimischen Banken und Kapitalgebern aus unserer Region zu verwirklichen? Mit einem Konzept, das nicht auf fernöstliche Wellnesstrends setzt, sondern den Schatz der Heilmittel, die unsere abendländisch-christliche Tradition zu bieten hat, heben will?

Jetzt sitze ich tatsächlich hier in der Kapelle. Das Tannengrün des Adventskranzes duftet zart, ich spüre eine heilsame Ruhe in mir aufsteigen. Was für ein einmaliger Ort – hier kann man Leib und Seele gleichzeitig etwas Gutes tun. Und dann fasse ich, völlig verfrüht bereits im Advent, einen Vorsatz für das neue Jahr: ich gönne mir ab sofort regelmäßig einen Siebenquell-Oasentag für Leib und Seele.

Was könntest du deinem Leib heute Gutes tun, damit deine Seele Lust hat, in dir zu wohnen? Ein duftendes Vollbad? Eine Tasse heiße Schokolade? Ein Winterspaziergang? Ein Thermenbesuch?

8. Dezember

Psalm 23: Der gute Hirte

Ein Lied von David.

Der HERR *ist mein Hirte, nichts wird mir fehlen.*

Er weidet mich auf saftigen Wiesen und führt mich zu frischen Quellen.

Er gibt mir neue Kraft.

Er leitet mich auf sicheren Wegen und macht seinem Namen damit alle Ehre.

Auch wenn es durch dunkle Täler geht, fürchte ich kein Unglück, denn du, HERR, *bist bei mir. Dein Hirtenstab gibt mir Schutz und Trost*

Du lädst mich ein und deckst mir den Tisch vor den Augen meiner Feinde.

Du begrüßt mich wie ein Hausherr seinen Gast und füllst meinen Becher bis zum Rand.

Deine Güte und Liebe begleiten mich Tag für Tag; in deinem Haus darf ich bleiben mein Leben lang.

Vitamin S gegen den Dezemberblues

An manchen Tagen läuft alles wie von selbst. Man fühlt sich wohl, ist gut gelaunt und könnte die ganze Welt umarmen. Aber es gibt auch diese Grauschleier-Tage. Das Leben ist irgendwie anstrengend, die Laune sackt in den Keller. Ich spreche gar nicht von wirklich schlimmen Zeiten. Ich meine die üblichen Ärgernisse des Alltags, wenn man schon morgens wetterbedingt zu spät zur Arbeit kommt und die Zeit dann nacharbeiten muss. Oder das Kind hat einen Killervirus aus dem Kindergarten mitgebracht und an den Rest der Familie verteilt. Manchmal kommt er auch ganz ohne Ursache auf, der Dezemberblues.

Mir hilft dagegen frische Luft, Vitamin D und Vitamin S. Besonders Letzteres kann Wunder wirken!

Du hast noch nichts von Vitamin S gehört? Dieses Geheimmittel kann man nicht in Pillenform kaufen. S steht für Sonnenseite, für die Sonnenseite des Lebens. Ja, die gibt es wirklich, doch wir übersehen sie gerne, wenn uns der Dezemberblues im Griff hat. Laufe ich im Winter durch die Stadt und die Sonne scheint, wechsle ich ganz bewusst auf die sonnige Straßenseite. Ich lasse mein Gesicht von den Strahlen streicheln und genieße es. Die sogenannten „kleinen Freuden“ sind mir wichtig geworden: beim Frühstück erst am Kaffee schnuppern, bevor ich genüsslich einen Schluck nehme. Ich gönne mir regelmäßig ein Blümchen in Sichtweite meines Arbeitsplatzes. Und ich widerspreche diesem inneren Miesepeter, der mir einreden will, das Glas meines Lebens wäre halb leer. Vielleicht kann man das als Achtsamkeit bezeichnen, ich nenne es Vitamin S.

Wie wäre es damit, sich den Psalm 23 einmal ganz bewusst und persönlich zuzusprechen? Da ist von einem randvoll eingeschenkten Becher die Rede. Jesus spricht von einem Leben der Fülle, das er uns geben will. Und dazu gehören auch die Sonnenstrahlen, die deine Nase kitzeln, ein duftender Kaffee, die fröhlichen Farben der Blumen, Kinderlachen und viele andere heilsame Komponenten von Vitamin S, die deine Seele streicheln.

9. Dezember

Ein Weihnachtswunder

„Es war das einzige Weihnachten, das ich je gefeiert habe", sagt eine ältere Dame aus Israel lächelnd in die Kamera. „Ja", pflichtet der weißhaarige Herr neben ihr bei, „da saßen wir im Dezember 1945 zusammen, deutsche und jüdische Kinder, und sangen mit unseren Betreuerinnen tschechische Weihnachtslieder. Das habe auch ich nie vergessen."

Dieser Dokumentarfilm erinnert an ein Wunder der Versöhnung.* Der tschechische Sozialarbeiter und Christ Přemysl Pitter hatte nach Kriegsende 1945 drei Schlösser südlich von Prag zur Verfügung gestellt bekommen. Dort kümmerte er sich mit seinem Team um jüdische Kinder, die die KZs überlebt hatten.

Pitter erfuhr kurz darauf von den unvorstellbar grausamen Zuständen in den neuen tschechischen Internierungslagern für Deutsche. Er protestierte heftig bei der tschechischen Regierung. Leider umsonst. Lediglich kranke und unbegleitete deut-

* Dokumentarfilm *Liebet eure Feinde* über Přemysl Pitter, bestellbar über https://www.ackermann-gemeinde.de/publikationen/aktuelle-publikationen.html, Ackermann-Gemeinde e. V., Bundesgeschäftsstelle, Heßstraße 24, 80799 München, Tel. 0 89/27 29 42-0.

sche Kinder durfte er aus den Lager-Höllen in die Sicherheit seiner Erholungsheime bringen.

Pitter und sein Team sorgten für die körperliche Erholung und Linderung der seelischen Wunden der Kinder. Dabei geschah ein Wunder: Die ehemaligen „Feinde“ entwickelten Verständnis füreinander, denn in deutschen KZs und tschechischen Lagern hatten sie ganz ähnliche Erfahrungen gemacht. Freundschaften zwischen deutschen und jüdischen Kindern entstanden, die ein Leben lang hielten. Bis 1948 konnten alle 810 Schützlinge nach Hause gebracht oder in Pflegefamilien vermittelt werden.

Pitters Beispiel christlicher Nächstenliebe prägte viele der „Schloss-Kinder“ zutiefst. Sie setzen sich bis heute für Frieden und Versöhnung ein und haben diese Lebenseinstellung an ihre eigenen Kinder und Enkel weitergegeben.

Baut man mit Eisen, rostet das Metall.
Baut man mit Holz, wird dieses morsch,
sogar Marmor bekommt Risse. Aber unser
Material, die Kinderseele, ist für die Ewigkeit.
Kinder sind niemals Feinde, sie sind Kinder.
Sie bedürfen unserer liebevollen Fürsorge.

Přemysl Pitter

10. Dezember

Der Longschal

Es ist schon eine ganze Weile her – ich war damals in der zehnten Klasse –, da kam der Longschal in Mode. Selbst gestrickt, einfarbig oder mit Muster, eher schmal, aber dafür sehr lang. Man sollte ihn mindestens zweimal locker um den Hals schlingen und die Enden dann bis in Kniehöhe herunterhängen lassen.

Irgendwann entdeckte jemand: Ein Longschal reicht auch für zwei. Für Freundinnen oder für Verliebte, und so wurde an unserer Schule ein neuer Trend geboren. Natürlich konnte man das gute Stück dann nur je einmal um den Hals wickeln und die Enden hingen – zumindest, bevor es ausgeleiert war – nicht mehr so tief herunter.

Jetzt war offensichtlich, wen freundschaftliche Bande zusammenflochten. Den Schal teilte man nur mit Leuten, die man mochte. Mein Herz schlug bis zum Hals, als mir mein Schwarm Thomas in der großen Pause das erste Mal seine schwarze Schalhälfte um die Schultern legte. Ob er sich heute auch noch daran erinnert?

Es wärmt nicht nur den Hals, sondern auch die Seele, wenn jemand einem liebevoll seine Schalhälfte anbietet, wenn man zum anderen gehören darf. Auch Jesus lädt uns ein, sich in seine Liebe einzukuscheln. Er schlingt uns jedoch den Schal nicht ungefragt um die Gurgel wie der Henker den Strick. Wenn wir sein Angebot annehmen, wird allerdings auch offen sichtbar, mit wem wir uns verbunden haben. Genau wie damals in der Schule wird es Kommentare hageln: „Was? *Die* mit *dem*?“ Doch wo Liebe, Freundschaft und Treue im Spiel sind, gibt man nicht so viel darauf, was andere sagen. Heute wie damals.

Vielleicht begegnet dir in diesen Tagen jemand, der „eine wärmende Schalhälfte“ gebrauchen könnte? Vielleicht wird es dir selbst warm ums Herz, wenn du beim Umlegen von Schal oder Tuch an Jesu liebevolle Zusage denkst: *Ich bin immer bei dir – bis ans Ende der Zeit.*

11. Dezember

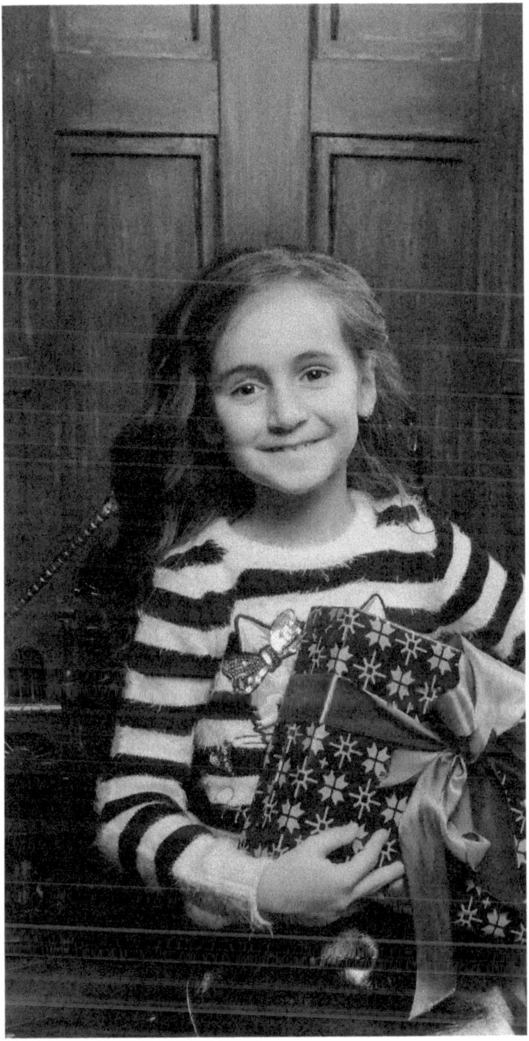

Lebkuchen im September

An einem sonnigen Septembertag in der Schlange vor der Supermarktkasse ziehe ich tadelnde Blicke der anderen Kunden auf mich. „Die tun das Zeug jedes Jahr früher her“, empört sich die Dame hinter mir. Extra laut, dass ich es hören kann. „Na ja, wenn die Leute unbedingt schon im September Lebkuchen essen wollen“, kommt ein brummiger Kommentar aus der Nachbarschlange. „Also, ich habe im September noch keinen Appetit darauf.“ „Ich auch nicht. Frühestens am ersten Advent“, sage ich lächelnd zu den beiden und lege die zehn Lebkuchenpäckchen sowie mehrere Beutel Pfeffernüsse und Spekulatius aufs Band. Hinter mir ist es jetzt still. Ich zahle, nehme meinen Wagen und stelle mich beim Bäcker an. Kurz darauf ist die Frau wieder hinter mir. „Sagen Sie, warum kaufen Sie die Sachen dann schon jetzt?“ Da erkläre ich ihr, dass die Süßigkeiten für unsere Patenkinder im Ausland sind. Wir schicken ihnen jedes Jahr ein persönliches Weihnachtsgeschenk. Diese Pakete müssen im Oktober bei der Hilfsorganisation eintreffen, damit alle Formalitäten für den Sammeltransport rechtzeitig fertig gemacht werden können. Bei einer Weihnachtsfeier bekommen unsere Patenkinder dann die Geschenkpakete überreicht. „Deshalb bin ich ganz froh, dass es die Weihnachtssachen jetzt schon gibt. Sonst müsste ich normale Schokolade schicken. Das wäre doch nur halb so schön, oder?“, meine ich zum Abschluss. Ja, das kann die Dame gut verstehen. Und, nein, ich bin ihr nicht böse wegen vorhin. Wir lachen miteinander. Später laufen wir zusammen Richtung Parkplatz. Die Frau möchte mehr wissen über die Hilfsorganisation. Ob ich sicher bin, dass das Geld wirklich bei den Kindern ankommt? Ja, ganz sicher. Wir schreiben uns Briefe, tauschen Fotos und mit meinem allerersten inzwischen erwachsenen Patenkind aus Rumänien bin ich immer noch per Facebook verbunden. Die Dame schreibt sich den Namen der Hilfsorganisation auf. Sie möchte auch gerne „persönliche Entwicklungshilfe“ leisten.

Mit 30 Euro monatlich kann man das Leben einer ganzen Familie nachhaltig zum Guten verändern. Unbezahlbar sind jedoch die leuchtenden Kinderaugen auf den Fotos.

12. Dezember

Wenn die Seele schwingt

Musik gehört zum Advent wie Kerzen oder Spekulatius. Im Radio ertönen wieder die beliebtesten Weihnachtshits, in den Kirchen gibt es Orgel- und Chorkonzerte, Bläsergruppen spielen auf dem Weihnachtsmarkt. Die Kinder üben für das Krippenspiel.

Musik hat erstaunliche Auswirkungen auf Körper und Seele, nicht nur wenn man singt oder ein Instrument spielt, auch beim Zuhören.

Vieles geht einem mit Musik schwungvoller von der Hand: Putzen, Bügeln und andere Tätigkeiten, bei denen man nicht viel Nachdenken muss. Laute Beats und Lichteffekte können uns in einen tranceähnlichen Zustand versetzen. Und ruhigere Musikstücke aus der Klassik verlangsamen den Herzschlag und fördern Entspannung.

Und eine weitere interessante Sache ist mir aufgefallen: Wenn vom Himmel die Rede ist, spielt Musik immer eine große Rolle. Dort wird kräftig zu Gottes Ehre gesungen. Es gibt offenbar nur einen einzigen Ort, an dem nie musiziert wird. Er heißt Hölle.

Bestimmte Melodien können uns tief im Herzen berühren. Sie haben eine wohltuende Wirkung auf unsere Seele, geben uns einen Vorgeschmack auf den Himmel.

Hier kommt meine persönliche Seelenwärmer-Hitliste:

- Bedřich Smetana, „Die Moldau“
- Liturgische Gesänge der russisch-orthodoxen Kirche
- Max Lässers Ark, „Magic hour“
- Andrea und Albert Adams-Frey, „Land der Ruhe“

Welche Musik tut dir gut?

Warum nicht einen Adventsabend auf dem Sofa oder im gemütlichen Sessel bei stimmungsvoller Beleuchtung verbringen und sich dabei wohltuenden Klängen hingeben?

13. Dezember

Lichtverschmutzung

Warum zündet man am ersten Advent eigentlich nur eine einzige Kerze an? Wenn gleich alle vier leuchten würden, wäre es doch viel heller. Außerdem könnten die Kerzen dann gleichmäßig abbrennen.

Hinter dem Brauch des Adventskranzes steckt eine schöne Symbolik: von Woche zu Woche scheint das Licht heller und führt uns zu dem allerhellsten Licht, das uns am Heiligen Abend aufscheint: Jesus.

Ein Licht kommt vor allem in der Dunkelheit zur Wirkung. Stellt man eine brennende Kerze ins Sonnenlicht, erkennt man die Flamme fast nicht. So ähnlich ist das mit unserem Sternenhimmel auch. Man sieht die Sterne vor lauter künstlicher Beleuchtung kaum noch. Jedes Jahr nimmt die weltweite Lichtverschmutzung durch Kunstlicht zu. Wenn man in Deutschland die Milchstraße bewundern will, funktioniert das nur noch mit viel Glück an einzelnen dunklen Orten fernab der großen Metropolen.

In der Adventszeit steigert sich die Beleuchtung unserer Umgebung enorm. Spätestens im Oktober kann man sein Arsenal im Discounter mit neuen LED-Objekten aufrüsten.

Aber leidet unsere Gesellschaft möglicherweise auch unter einer Art innerlicher Lichtverschmutzung? Vor lauter adventlich-kommerziellem Blinken und Flimmern erkennen wir das eigentliche Licht, den Kern von Weihnachten, nicht mehr. Ohne tieferen Sinn ist alles sinnlos, das spürt unsere Seele, lange bevor es in unserem Kopf ankommt.

Es braucht eine ruhige dunkle Umgebung, damit wir die wohltuende Wirkung der Kerzenflamme entdecken können. Und wer weiß, vielleicht erleben wir dabei auch eine innerliche „Advents-Erleuchtung"?

14. Dezember

Friede auf Erden?

Mein persönlicher Weihnachts-Kultfilm heißt *Merry Christmas.** Im Winter 1914 liegen sich deutsche, französische und englische Soldaten in den Schützengräben in Rufweite gegenüber. Zwischen ihnen tobt ein unbarmherziges Gemetzel. Am Heiligen Abend wünschen sich die Soldaten nach Hause zu ihren Lieben. Den Krieg haben sie satt. Da ertönt von deutscher Seite das Lied „Herbei, o ihr Gläubigen“. Kurz darauf antwortet ein schottischer Dudelsack mit der gleichen Melodie. Ein geschmückter Weihnachtsbaum wird über die deutschen Schützengräben gehoben. Kein Schuss fällt, auch nicht als die ersten Soldaten zögerlich heraussteigen und aufeinander zugehen. Unvorstellbares geschieht: Ein Franzose bietet einem Deutschen eine Zigarette an, der Deutsche bedankt sich mit einem Schluck Schnaps. Die Männer sprechen miteinander. Die drei Kommandeure beschließen eine inoffizielle Waffenruhe in diesem Frontabschnitt. Alle Gefallenen werden

---

* *Joyeux Noël/Frohe Weihnachten*, 2005, mit Diane Kruger und Benno Fürmann. Siehe auch das Buch von Michael Jürgs: *Der kleine Frieden im großen Krieg – Westfront 1914: Als Deutsche, Franzosen und Briten gemeinsam Weihnachten feierten*, München 2003.

beerdigt, ein gemeinsamer Gottesdienst gefeiert und miteinander Fußball gespielt. Die Männer lernen sich näher kennen. Nach mehreren Tagen will keiner mehr auf den anderen schießen. Man warnt sich gegenseitig, wenn ein Artillerie-Angriff aus dem Rückraum bevorsteht und ballert ab sofort nur noch pro forma in die Luft.

Zu schön, um wahr zu sein? Nein, der Film beruht auf wahren Begebenheiten.

Leider bekamen die Militärgeheimdienste durch die Feldpost Wind von dem ungewöhnlichen Weihnachtsfest. Ein deutscher Soldat schrieb seiner Frau: *Stell dir vor, das sind auch Sachsen (Angelsachsen) und wir sollen sie in London besuchen kommen.* Die Generäle auf allen Seiten griffen hart durch; Degradierung der verantwortlichen Kommandeure, Verlegung von Truppen an andere Frontabschnitte. Solch ein spontaner Frieden unter den Soldaten sollte sich auf keinen Fall weiter ausbreiten …

Frieden auf Erden beginnt mit Frieden zwischen Gott und den Menschen. Dafür wurde Jesus geboren. Er fordert uns dazu auf, unserem Nächsten die Hand hinzustrecken, nicht die geballte Faust. Solch ein Friedensmensch will ich immer mehr werden.

15. Dezember

An Weihnachten kommt nicht das Gesundheitsamt

Die Adventszeit nennt man bei uns in Bayern auch die „stade (= stille) Zeit“. Doch so still läuft sie oft nicht ab, besonders wenn man aus beruflichen Gründen ausgerechnet im Dezember Hochsaison hat. Aber gerade dann tut es gut, sich auf das Wesentliche zu besinnen.

Das Wesentliche, was ist das eigentlich? Zuerst das, was mein Wesen ausmacht und was ich für ein Leben benötige, das ihm entspricht. Wie kann ich das herausfinden? Vielleicht kann man sich der Lösung besser über die Frage annähern, was für einen unwesentlich ist. Auf was lasse ich mich in meinem Alltag ein, wozu ich eigentlich lieber nein sagen würde? Was tue ich, obwohl ich gut darauf verzichten könnte, ohne es zu vermissen? Ich weiß, Neinsagen braucht manchmal Mut, besonders, wenn ich damit eingefahrene Gleise verlasse. Die Belohnung für diesen Mut ist ein Leben, das meinem Wesen immer mehr entspricht.

Ich backe deshalb seit etlichen Jahren keine Plätzchen mehr. Und auch auf größere Hausputz-Aktionen kurz vor Weihnachten verzichte ich. *Achtung! Am 24. Dezember kommt Jesus und nicht das Gesundheitsamt!* hat eine Gesinnungsgenossin launisch in Facebook geschrieben. Für jemand anders können Plätzchen und Hausputz allerdings wesentlich sein, jeder muss es für sich selbst erspüren. Ich habe gute Erfahrungen mit dem Weg des Weglassens gemacht. Was dann übrig bleibt, ist, zumindest im Moment, wesentlich für mich. Dazu gehört ein großer Tannenduft verströmender Adventskranz auf unserem Esstisch, unsere Hauskrippe und leckere Lebkuchen aus regionaler Herstellung.

Die Unterscheidung zwischen Wesentlichem und Unwesentlichem ist für mich ein Lebensthema geworden, für das ich mir immer wieder Zeiten der Stille nehme. Jesus sagte dazu: *Was hat ein Mensch denn davon, wenn ihm die ganze Welt zufällt, er selbst dabei aber seine Seele verliert? Er kann sie ja nicht wieder zurückkaufen!* (Matthäus 16,26)

Gibt es etwas, das ich heute oder in den nächsten Tagen weglassen könnte, weil es für mich unwesentlich ist, um Zeit und Kraft für Wesentliches zu gewinnen?

16. Dezember

Alena Vávrová
Weihnachten / uralt

Ich bin Léna, fliege gebeugt
mit meinem Wägelchen
aus Bayern nach Böhmen hin und zurück
Der Schneesturm lässt Tränen
auf meine sonnengegerbten Wangen
entstehen
Die harten Schneeflocken vermischen sich
mit den warmen Tropfen und bilden eine
Kruste
Ich ziehe das kleine Wägelchen mit wertlosen
Lumpen
hin und zurück auf den Schmugglerpfaden
Ich werde fallen aufstehen und denken
an das Kind das gerade geboren wurde
in Bethlehem auf dem Stroh und der
Schneesturm
heult und brüllt zusammen mit mir

Ich laufe fast bis zum Boden gebeugt
ins verbotene Jerusalem
Damit alle meine Lieben
glücklich sind
in dieser heiligen Nacht
des Jesuleins

(Übersetzung aus dem Tschechischen:
Klara Hůrkova)

Ein besonderes Weihnachtsgedicht

„Die Leute kaufen immer weniger Grußkarten", seufzt meine Lieblingsbuchhändlerin. Wir überlegen miteinander, ob die Menschen wirklich weniger Nachrichten schreiben oder ob es am Internet liegt. E-Mails sind am PC natürlich schneller verschickt als handschriftliche Briefe. Auch ich schätze diese Möglichkeiten im Arbeitsalltag durchaus.

Was jedoch die Weihnachtsgrüße betrifft, bewege ich mich völlig gegen den Trend. Ich schreibe dieses Jahr deutlich mehr Karten als in den Vorjahren.

Mein Roman *Erben des Schweigens* ist auch in tschechischer Sprache erschienen. Daher war ich zu Lesereisen, Buchmessen und Literaturfestivals in unserem Nachbarland unterwegs und habe nette neue Bekanntschaften in der dortigen Literaturszene gemacht. Also schreibe ich dieses Jahr auch einige Briefe auf Tschechisch. Eine kleine Herausforderung für meine Sprachkenntnisse.

Zu Alenka Vávrová, der Lyrikerin und Gründerin des Franzensbader Literaturfestivals, spürte ich von Anfang an einen besonderen Draht, der sich nicht nur durch die gemeinsame Liebe zum Schreiben erklären ließ. Alenka spricht wenig Deutsch, ich nur wenig mehr Tschechisch, aber trotzdem können wir uns gut unterhalten. Als sie mir eines Tages zur Aufmunterung per E-Mail einen Bibelvers schickte, kam der Grund unserer Seelenverwandtschaft ans Licht: Wir glauben beide an Gott. Inzwischen sind wir nicht nur Kolleginnen, sondern Freundinnen, denen die gute Nachbarschaft unserer Völker sehr am Herzen liegt.

Alenka hat mir zum letzten Weihnachtsfest etwas Besonderes geschenkt, ein Gedicht.

Unsere Freundinnen und Freunde sind ganz wichtige Seelenwärmer. Und der Dezember ist ein guter Monat, ihnen unsere Wertschätzung zu zeigen. Zum Beispiel mit einer schönen Karte, einem Geschenk, einer innigen Umarmung. Oder sogar mit einem Gedicht.

Tagsüber zog der HERR in einer Wolkensäule vor ihnen her, um ihnen den Weg zu zeigen, und nachts war er in einer Feuersäule bei ihnen, die ihren Weg erhellte. So konnten sie bei Tag und Nacht wandern.

2. Mose 13,21

17. Dezember

Seltsame Geschenke

Manchmal bekommt man ein Geschenk, über das man sich nicht so recht freuen kann. Dazu gehören Dinge, die der Geber offensichtlich nicht mehr selbst brauchen kann und daher in Form von Geschenken entsorgt. Ich denke, jeder von uns hat schon einmal so ein „Präsent" bekommen. Manchmal schätzt man ein Geschenk jedoch völlig falsch ein.

Zu meinem 35. Geburtstag erhielt ich eine Flasche *Doppelherz*. In meinen Augen war das etwas für herzkranke alte Leute. Ich dachte tagelang darüber nach, ob es eine wortlose „Botschaft" hinter dem Geschenk gab. Ich war frisch verwitwet – sollte ich mich jetzt zum alten Eisen rechnen?

Die Flasche stand auf meinem Küchenbuffet und immer, wenn sie in mein Blickfeld kam, ärgerte ich mich ein bisschen. Doch eines Tages erinnerte ich mich daran, dass mein lange verstorbener Großvater täglich ein Gläschen *Doppelherz* getrunken hatte. Opa wurde immerhin 86 Jahre alt. Vielleicht sollte ich doch mal einen Schluck „Kraft der zwei Herzen" nehmen? Ich schenkte mir kurzentschlossen ein Stamperl ein, hielt die Luft an und schluckte es schnell hinunter. Solche Elixiere schmeckten nach meiner Erfahrung je gesünder, desto grässlicher. Doch *Doppelherz* stellte sich als unerwartet lecker heraus! Ob es meinen Herzkranzgefäßen etwas genützt hat, dass ich damals nach und nach die ganze Flasche ausgetrunken habe, weiß ich nicht, aber seitdem gebe ich wirklich jedem Geschenk seine Chance.

Zusätzlich habe ich im Verwandtenkreis dezent kundgetan, dass ich sehr gerne Kaffee oder auch mal ein Gläschen Wein trinke und eine Schwäche für Zartbitterschokolade habe. Und dass man Duschgel grundsätzlich immer brauchen kann.

18. Dezember

Himmlische Wegweiser

Der Stern von Bethlehem, der den Weisen aus dem Morgenland den Weg zur Krippe wies, wird meistens als Komet mit Schweif dargestellt.

Verschiedene Wissenschaftler wollten das Rätsel um diesen berühmten himmlischen Wegweiser lösen. Kam um die Zeit von Jesu Geburt ein Komet der Erde nahe? Man kann die Bahnen der Himmelsobjekte, die uns in bestimmten Zeitabläufen einen Besuch abstatten, nachberechnen. Danach kann es keiner der uns heute bekannten Kometen gewesen sein. Andererseits gibt es historische Dokumente aus dem alten China, die von einer kometenähnlichen Himmelserscheinung im Jahre 5 v. Chr. berichten. Oder war es vielleicht eine Supernova? Eine explodierte Sonne aus einer anderen Galaxis würde unter bestimmten Umständen hell am Firmament aufleuchten. Aber dann wären bis heute entsprechende Partikelspuren im All nachweisbar – diese Nachforschung verlief negativ. Es fand sich jedoch noch eine andere Erklärung. In der Zeitspanne, die für Jesu Geburt in Frage kommt, gab es eine besondere Planetenkonstellation in unserem Sonnensystem, die alle 130 Jahre wiederkehrt. Saturn und Jupiter kommen sich sehr nahe und strahlen dadurch besonders hell. Zuletzt konnte man dieses Phänomen im Jahr 1980/81 am Himmel bewundern.

Ein ungewöhnlicher Stern diente den Weisen aus dem Morgenland als Orientierung. Sie wollten am Ende des Weges einen besonderen König finden, der der ganzen Strapazen der Reise und ihrer wertvollen Geschenke würdig war.

Welchem Stern folgst du und wohin soll er dich bringen? Welches Ziel ist die Strapazen deiner Lebensreise wert?

Für mich ist es Jesus, genau wie für die Sterndeuter damals.

19. Dezember

Brücke über die Jahrhunderte

Für meinen Roman *Im Schatten der Verschwörung* habe ich intensiv Leben und Umfeld des Reformators Thomas Müntzer recherchiert. Man weiß heutzutage nicht mehr viel über diesen kämpferischen Zeitgenossen Luthers, besonders, wenn man in den westlichen Bundesländern aufgewachsen ist. Müntzer stellte sich damals auf die Seite der Bauern, die in Süd- und Mitteldeutschland Aufstände gegen die ausbeuterischen Lehnsherren anzettelten. Hatte Martin Luther nicht von der Freiheit des Christenmenschen gesprochen? Müntzer wollte nicht nur theologisch darüber disputieren, sondern die Gleichheit der Menschen auch praktisch durchsetzen. Mit seiner wenig diplomatischen Art machte er sich Martin Luther sowie fast alle Fürsten und Kleriker zu erbitterten Feinden.

Doch das ist nur eine Seite des Theologen Thomas Müntzer. Bereits im Jahr 1523 – und damit drei Jahre vor Luther – entwickelte er eine evangelische Messordnung in deutscher Sprache. Bisher waren die Gottesdienste ja auf Lateinisch gehalten worden – das hatte ein Großteil der Gläubigen nie gelernt. Müntzer ging dabei sorgsam vor. Er behielt die gregorianischen Melodien der Choräle bei und übertrug nur ihre Texte in die deutsche Sprache. In einer „Deutsch-evangelischen Messe“

konnte endlich jeder verstehen, was gesungen und gebetet wurde. Diese Leistung Müntzers ist durch die überdimensionale Popularität Luthers fast völlig in Vergessenheit geraten. Müntzer wurde im Mai 1525, nachdem die Bauernaufstände in Mitteldeutschland niedergeschlagen worden waren, von den Siegerfürsten auf grausame Weise gefoltert und hingerichtet.

Doch einer seiner Choräle hat bis heute sowohl im Evangelischen Gesangbuch (Nummer 3) als auch im Katholischen Gotteslob (Nummer 230) überlebt. Es ist das schöne Adventslied „Gott, heil'ger Schöpfer aller Stern". Der Hymnus, auf dem Müntzers Dichtung beruht, geht bis ins neunte Jahrhundert zurück.

Immer, wenn ich dieses oder andere alte Kirchenlieder singe, ist es mir, wie wenn ich über eine Brücke in die Vergangenheit gehe. Und dann fühle ich mich verbunden mit den vielen Generationen von Christen, die vor mir gelebt und geglaubt haben.

20. Dezember

Ziemlich beste Freundinnen

Ich hätte nie gedacht, dass mein neues Frauenfrühstücksthema *Gut ist gut genug – die Perfektionismusfalle* auf so große Resonanz stößt.

Viele Menschen spüren, dass die ewige Jagd nach dem „perfekten" Leben sie nicht zur Zufriedenheit führt, sondern nur auslaugt. Wir sind ganz einfach nicht dafür geschaffen, „perfekt" zu sein. Und die Welt um uns herum ist auch alles andere als vollkommen. Trotzdem sind wir in den letzten Jahren nach und nach einem kollektiven Selbstoptimierungswahn verfallen. Gut ist schon lange nicht mehr gut genug, denn es geht ja immer noch ein bisschen besser …

Was macht das mit uns? Es verändert leider oft die Art und Weise, wie wir über andere und mit uns selbst reden. Gnade mit Fehlern? Fehlanzeige. Wir selbst sind meistens unsere schärfsten Kritiker. Hast du dich innerlich auch schon als „zu fett, zu dumm, zu unfähig, zu disziplinlos, zu faltig, zu gutgläubig, zu …" beschimpft? Würdest du so mit guten Freunden reden?

Jesus sagt: „Liebe deinen Nächsten wie dich selbst". Wenn wir uns selbst nicht wohlwollend und unterstützend behandeln, wie sollen wir dann anderen Menschen gegenüber gütig sein? Ich habe vor einiger Zeit beschlossen, meine ziemlich beste Freundin zu werden: realistisch, ehrlich, humorvoll und gütig. So wie ich mir eine gute Freundin wünsche.

Im Advent schreibe ich mir einen Mutmachbrief aus Sicht meiner inneren Freundin. Ich denke dabei an Dinge, die mir im vergangenen Jahr gelungen sind, an meine guten Seiten. Den Brief packe ich in einen Umschlag, frankiere und adressiere ihn an mich und bitte eine andere gute Freundin, ihn irgendwann im folgenden Jahr abzuschicken. Was passiert, wenn er ankommt? Probiere es doch mal aus. ☺

21. Dezember

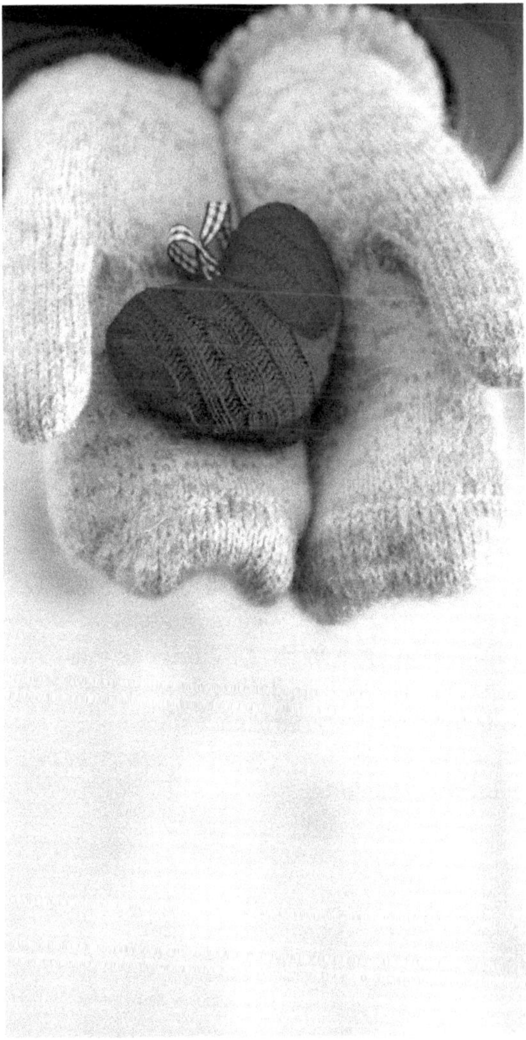

Das Letzte

… ist für manche Radiohörer dieser Refrain:

Last Christmas, I gave you my heart
But the very next day you gave it away
This year, to save me from tears
I'll give it to someone special

Über diesen Titel der Popgruppe *Wham!* aus dem Jahr 1984 gehen die Meinungen stark auseinander. Während er für manche sprichwörtlich „das Letzte“ im adventlichen Radioprogramm ist, gehört er für andere zur Vorweihnachtsstimmung dazu.

Die Melodie hat offensichtlich Ohrwurm-Potential, jedoch ich finde besonders den Text „bemerkenswert“. Es geht darin wie in vielen Popsongs um naiven Herz-Schmerz-Schmalz zwischen Mann und Frau. Betrachtet man den Refrain jedoch einmal losgelöst vom restlichen Text und ohne Vorurteile, dann erschließt sich einem eine ganz neue Dimension:

Am letzten Weihnachtsfest schenkte ich dir
mein Herz
Aber gleich am nächsten Tag hast du es
weggeworfen
Dieses Jahr – um mich vor Tränen zu
schützen
Werde ich es jemand Besonderem schenken.

Gute Idee! Am besten schenkt man sein Herz sowieso nur jemandem, der es zu schätzen weiß und nicht darauf herumtrampelt. Wie wäre es mit dem Kind in der Krippe? Dann könnte man ab sofort den Refrain von *Last Christmas* aus vollem Hals mitsingen, statt das Radio auszuschalten.

22. Dezember

Wendepunkte

Der Advent fällt in die dunkelste Zeit des Jahres. Manche Berufstätige gehen morgens in der Dunkelheit zu ihrem Arbeitsplatz, bleiben den ganzen Tag in einer mit Kunstlicht erleuchteten Umgebung und nach Dienstschluss ist es schon wieder Nacht geworden. Wer nicht wenigstens in der Pause nach draußen gehen kann, sieht kein Tageslicht. Das kann einen ganz schön trübsinnig werden lassen.

Doch ich habe eine gute Nachricht: Es ist Wintersonnenwende. Die längste Nacht dieses Jahres liegt hinter uns. Ab sofort geht die Sonne in kleinen Schritten ein wenig früher auf und später unter, die Tage werden langsam wieder heller. Leider dauert es noch etwa drei Wochen, bis der Unterschied deutlich spürbar wird. Bis dahin müssen wir es dem astronomischen Kalender einfach glauben, dass wir den Wendepunkt überschritten haben.

Wie im Jahreslauf gibt es auch in unserem Leben dunklere und hellere Tage. Wie gerne möchte man die langen lichten Sommertage festhalten und wünscht sich, es möge immer so sein. Aber leider gehören zum Leben auch die dunklen, kalten Wintertage.

Es gibt für alles auf der Erde eine Zeit und nichts bleibt ewig bestehen, lehrt uns ein lebenserfahrener

Schreiber im Alten Testament. Vielleicht kennst du den Text aus dem Buch Prediger, er gehört zu den meist zitierten. Das bedeutet, auch die dunklen Tage finden ein Ende. Es gibt einen Wendepunkt. Ich habe in manchen Dunkelheiten erlebt, dass diese Worte wirklich weise und wahr sind. Sie gaben mir, zusammen mit anderen, Halt und Hoffnung. Manchmal konnte ich nicht erkennen, dass ich mich eigentlich schon auf dem Weg zu helleren Zeiten befand. Ich musste es einfach glauben und lernen, Geduld mit dem Leben zu haben. Die Wintersonnenwende ist mir dafür ein wichtiges Symbol geworden.

Früher haben die Menschen an den Sonnwendtagen gefeiert. Das Wissen, dass es ab jetzt wieder heller wird, ist doch ein schöner Seelenwärmer, nicht wahr? Und vielleicht sogar ein Grund, heute ein bisschen zu feiern …

23. Dezember

Schwester Marias Plätzchen

Schwester Maria ist schon viele Jahre in der ambulanten Pflege tätig. Sie hat mir folgende Begebenheit erzählt:

„An Heiligabend ist der Dienst besonders schwer. Einige meiner Schützlinge leben ganz allein. Du musst sie dann da sitzen lassen, wenn du fertig bist, und weiter zum nächsten. Das ist hart. Aber die anderen warten ja auch schon auf dich.

Heuer habe ich etwas Besonderes erlebt. Ich betreue eine Frau, die ist psychisch krank und schwierig im Umgang. Als ich hinkam, war sie ganz aggressiv und wollte niemand an sich heranlassen. Nichts konnte sie beruhigen. Ich schickte innerlich ein Stoßgebet zum Himmel: ‚Hilf du uns, Gott.' Und da hatte ich sofort eine seltsame Idee.

‚Mögen Sie vielleicht ein paar selbst gebackene Weihnachtsplätzchen?', fragte ich. Schlagartig wurde die Dame ruhiger. Ich gab ihr von unseren Plätzchen aus dem Kloster, die ich ihr eigentlich erst als Geschenk beim Abschied überreichen wollte. Voller Genuss, ja fast andächtig, aß sie und war wie ausgewechselt. Dann redete sie sogar mit mir: ‚Kommst du morgen wieder, Schwester? Mit Plätzchen? Das wär' schön.' Man muss dazu wissen, dass diese Frau in letzter Zeit kaum einen zusammenhängenden, klaren Satz gesprochen hat."

Was haben diese Plätzchen bei der alten Dame ausgelöst? Hat sie sich an ein geborgenes Weihnachten ihrer Kindheit erinnert? Oder an die Zeit, als sie selbst ihre Familie mit Adventsgebäck versorgte? Auf jeden Fall müssen es gute Erinnerungen sein. Und wie die Angehörigen inzwischen herausgefunden haben, lassen sich diese nicht mit gekauftem Backwerk hervorlocken. Es funktioniert bisher nur mit Plätzchen aus dem Kloster. Das allerdings zuverlässig. Nur Gott weiß, warum.

Schwester Maria lebt nach dem benediktinischen Motto: *Jeden Tag Gott suchen*. Sie rechnet damit, dass Gott Gebete beantwortet. So wurde Segen daraus: für die alte Dame, für sie selbst und auch für mich. Denn ihre Erfahrung ermutigt mich, im Alltag noch viel mehr auf Gottes Impulse zu achten. Manchmal hat seine Menschenliebe sogar die Gestalt eines Honig-Herz-Plätzchens.

24. Dezember

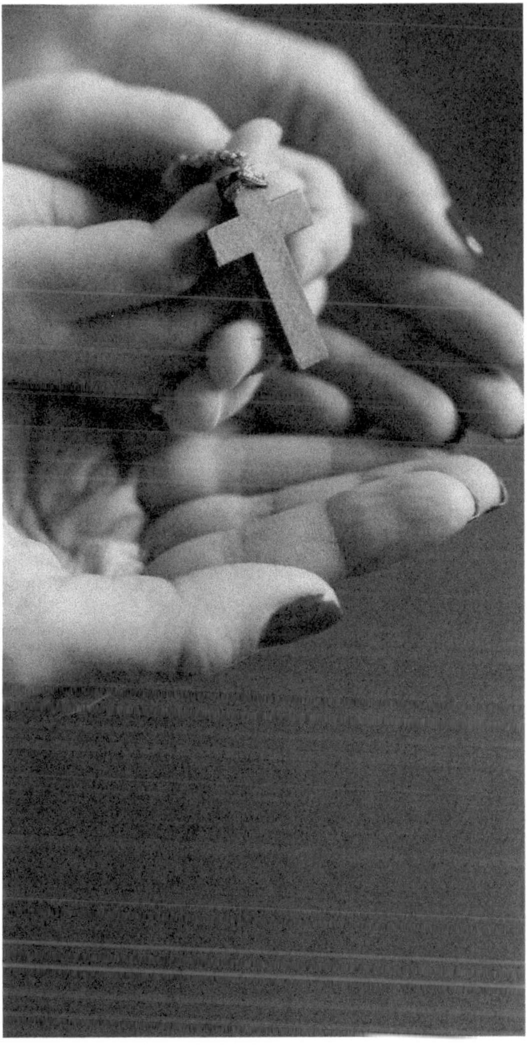

Happy End Heiligabend?

Schade, heute haben wir das letzte Türchen am Adventskalender geöffnet; noch drei Feiertage, dann geht es schon wieder Richtung neues Jahr und guter Vorsätze.

Der Heilige Abend ist der Höhepunkt der Adventszeit. Advent heißt „erwarten" und wir haben darauf gewartet, die Geburt des Erlösers Jesus Christus zu feiern.

Doch wenn das damals mit dem Kind in der Krippe von Bethlehem alles gewesen wäre, was von Jesus bekannt wurde – selbst wenn man noch den Besuch der Sterndeuter, die wir heute „Heilige drei Könige" nennen, dazu nimmt –, glaube ich kaum, dass wir Weihnachten feiern würden.

Sicher, dass Gott als Mensch geboren wurde, ist eine sensationelle Sache. Wir singen „Christ, der Retter ist da". Doch von der Rettung wissen wir nicht wegen Weihnachten, sondern durch Ostern. An Karfreitag erinnern wir uns daran, dass dieses Kind aus der Weihnachtskrippe als erwachsener Mann, wieder nur mit einem windelartigen Lendenschurz bekleidet, am Kreuz starb. Er starb stellvertretend für jeden von uns. Am Ostermorgen feiern wir seine Auferstehung. Damit hat er für uns den Weg zu Gott frei gemacht, das ist unsere Rettung. Ist Ostern dann das Happy End? Aus Gottes Sicht noch nicht. Erst wenn ein Mensch den von Jesus angebotenen Rettungsring umlegt, freut sich der Himmel. Paulus erklärt das in einem Brief an die Christen in Rom so: *Denn wenn du mit deinem Mund bekennst: „Jesus ist der Herr!", und wenn du von ganzem Herzen glaubst, dass Gott ihn von den Toten auferweckt hat, dann wirst du gerettet werden. Wer also von Herzen glaubt, wird von Gott angenommen; und wer seinen Glauben auch bekennt, der findet Rettung.*

Heiligabend ist genau genommen ein Happy Beginning, das seine Fortsetzung in Ostern findet und sein Happy End erst in der persönlichen Entscheidung von mir und dir, dem Christkind zu glauben.

Gesegnete Weihnachten!

Über die Autorin

24 Advents-Impulse zu schreiben, ging mir recht flüssig von der Hand, aber jetzt sitze ich vor dieser letzten Seite und überlege, was ich da erzählen soll. Nicht, weil es nichts über mich zu sagen gäbe. Doch was macht mich eigentlich aus?

Ich bin 1962 in Pforzheim geboren, im Nordschwarzwald aufgewachsen und lebe jetzt schon seit 34 Jahren in einem Dorf bei Hof/Saale in Oberfranken. Ich bin mit einem echten „Eingeborenen" verheiratet und kann daher sekundenschnell zwischen schwäbischem und fränkischem Dialekt wechseln. Meine inzwischen erwachsene Tochter sagte früher immer: „Mama, red' doch net so komisch!" Wenn ich völlig unverständlich für meine Familie sprechen will, kann ich das inzwischen auf Tschechisch tun. In weniger als 30 Minuten Fahrt bin ich in unserem Nachbarland. Dort habe ich seit vielen Jahren liebe Freunde. Das Verständnis und die Beziehungen zwischen Deutschen und Tschechen zu verbessern, ist mein Lebensthema geworden. Meinen Roman *Erben des*

Schweigens gibt es auch auf Tschechisch und so bin ich oft zu Lesungen in Böhmen und Mähren unterwegs. 2018 wurde ich in den Internationalen P.E.N.-Club aufgenommen. Vielleicht hast du schon von diesem traditionsreichen Schriftstellerverband gehört. Ich bin jedoch nicht in die deutsche Sektion berufen worden, sondern in die tschechische; eine besondere Ehre für eine deutsche Autorin.

Auf meiner Website schreibe ich, dass ich gerne Käsekuchen mag. Deshalb empfangen mich aufmerksame Veranstalter von Lesungen manchmal mit einem Stückchen meines Lieblingskuchens. Das finde ich toll.

Jetzt weißt du schon ein wenig mehr über mich. Schriftsteller sind manchmal ein bisschen schrullig, wie man seit Loriots „Dichterlesung" weiß. Ich bin ein Teilzeit-Eremit. Nach der Lesungssaison mit dem Bad in der Menge brauche ich dringend Stille. Die finde ich im Kloster der Missionsbenediktinerinnen von Tutzing. Nein, ich bin nicht katholisch, sondern evangelisch, aber nachdem wir sowieso im selben Himmel auf ewig zusammenleben werden, fange ich schon hier damit an. Ein lebendiger persönlicher Glaube an Jesus Christus ist mir wichtig. Das ist wohl das Wichtigste, was mich ausmacht.

Wenn du noch mehr wissen willst, findest du allerlei Informationen unter

www.sabinedittrich.de

oder auf meiner Facebook-Seite. Vielleicht treffen wir uns ja auch einmal persönlich bei einer Veranstaltung? Das wäre schön.

NEUFELD VERLAG

Der ***Neufeld Verlag*** *ist ein unabhängiger, inhabergeführter Verlag mit einem ambitionierten Programm. Wir möchten bewegen, inspirieren und unterhalten. Unser Motto:*

Stellen Sie sich eine Welt vor,
in der jeder willkommen ist!

Das wär's, oder? Am Ende sehnen wir alle uns danach, willkommen zu sein. Die gute Nachricht: Bei Gott bin ich willkommen. Und zwar so, wie ich bin. Die Bibel birgt zahlreiche Geschichten und Bilder darüber, dass Gott uns mit offenen Armen erwartet. Und dass er nur Gutes mit uns im Sinn hat.

Als Verlag möchten wir dazu beitragen, dass Menschen genau das erleben: *Bei Gott bin ich willkommen.*

Unser Slogan hat eine zweite Bedeutung: Wir haben ein Faible für außergewöhnliche Menschen, für Menschen mit Behinderung. Denn wir erleben, dass sie unser Leben, unsere Gesellschaft bereichern. Sie haben uns etwas zu sagen und zu geben.

Deswegen setzen wir uns dafür ein, Menschen mit Behinderung willkommen zu heißen.

Folgen Sie uns auch auf www.facebook.com/NeufeldVerlag und in unserem Blog unter www.neufeld-verlag.de/blog!